DE

PARIS A TURIN.

SOUVENIRS.

Imprimerie de COSSE, APPERT et G.-LAGUIONIE,
rue Christine, 2.

DE PARIS A TURIN.

SOUVENIRS,

par M. D. de Saint-Anthoine.

Paris,

GAULTIER-LAGUIONIE, IMPRIMEUR-LIBRAIRE;

Rue et Passage Dauphine, n° 36.

1836.

DE
PARIS A TURIN.

SOUVENIRS.

Envoyé en 1835 par le gouvernement dans les départemens méridionaux pour observer le choléra, j'ai recueilli quelques souvenirs; le choléra en a gravé chez moi de tristes et d'ineffaçables; mais je n'ai pris ni le nom des émigrés ni la liste des morts, je donne des notes crayonnées au milieu d'une excursion rapide. A Lyon, je visitai l'Hôtel-de-Ville avec le marquis de Nettancourt-Vaubecourt, mon ami, commandant dans cette ville le 18e régiment de ligne. Les statues de bronze qui décorent le vestibule de ce monument et qui représentent le Rhône et la Saône semblent donner une idée de la majesté des fleuves qui baignent la cité.

La nature a été superbe dans toutes les productions qu'on remarque sur les bords du Rhône. C'est une chaîne de montagnes et de rochers animés par une végétation féconde.

Le bateau à vapeur, pris à Perrache, me transporta jusqu'à Avignon. C'est un lien nouveau qui unit aujourd'hui des populations qui naguère se connaissaient à peine. Sans mon fidèle cicerone, M. Borelli, le spirituel procureur général de la Provence, j'eusse laissé passer comme une ombre Vienne et ses collines, les ponts suspendus, les coteaux de l'Hermitage, la tourelle de Tournon, l'Ardèche et les pointes des Hautes-Alpes. Mais grâce à la vigilance de mon guide, je connus bientôt Valence, le pont hardi qui l'unit au coteau de Saint-Peray, le château de Crussol qui le domine, Rochemaur, Montélimart, etc.

Avignon, baigné par le Rhône, me montra ses murailles dentelées et ses nombreuses niches à saints, antiques vestiges de la domination papale. Mille pensées m'agitèrent lorsque j'entrai dans l'hôtel du Palais-Royal où Brune fut assassiné. Par un rapprochement assez bizarre, je visitai plus tard en traversant le golfe de Grimaud, quelques jours après son arrivée du royaume de Lahore, le général Allard, qui avait été l'aide-de-camp de cette victime des réactions.

Je ne passai pas sans plaisir sur le pont de la Durance et des plaines de Puyricard, je pus regarder la montagne Sainte-Victoire où fut donnée une bataille entre les Cimbres et les Teutons.

Aix m'offrit l'aspect d'un cadavre; l'émigration était générale par l'épouvante que causait le choléra; les maisons et les boutiques étaient fermées, et l'on n'apercevait que quelques rares piétons dans ses rues belles et spacieuses. La statue blanche du roi Réné, érigée sur la grande place, projetant une ombre sur son piédestal, me fit l'effet d'un cierge sur un tombeau.

Le Var m'offrit ses belles montagnes, ses oliviers, ses mélèzes et ses pins où se réflètent des flots d'azur. De Draguignan à Aups, d'Aups à Saint-Tropez, le choléra me procura l'occasion d'admirer les sites pittoresques de la Provence, et de faire la connaissance d'habitans dont le souvenir et les bienveillantes attentions sont gravés dans ma mémoire. Saint-Tropez est une des villes du Var où le choléra a fait beaucoup de victimes. Ce petit port, précieux en temps de guerre sur la Méditerranée, est encore plein des souvenirs du roi Réné. Les chartres octroyées par ce prince à sa bonne ville de Saint-Tropez sont religieusement gardées par le maire actuel, M. Guérin, capitaine de frégate, dont le nom est glorieusement inscrit dans les fastes de la marine par le combat sanglant qu'il soutint seul avec succès contre des forces anglaises supérieures. Je puis dire qu'il s'est montré aussi impassible devant le choléra qu'il s'était montré téméraire sur le *Romulus*. Saint-Tropez lui doit beaucoup, ainsi qu'à MM. Audibert et Guillabert, médecins distingués. Au milieu des calamités publiques d'un autre théâtre, M. Floret, alors préfet du Var, se montra comme Belzunce à Marseille. Toulon conserve sa mémoire.

Les rues de cette ville sont larges, bordées de trottoirs. Celle où se trouvent l'hôpital de la marine, la sous-préfecture, le bureau maritime, la poste, est remarquable par sa largeur et ses constructions; il y a de belles places, des quais et de beaux boulevards.

L'arsenal contient vingt-cinq mille fusils et d'anciennes armes classées dans l'ordre des temps ou d'après le perfectionnement qu'elles ont subi; les sabres pour le combat à l'abordage sont surmontés d'une poignée protectrice de la main. Dans cet arsenal, tenu dans un ordre parfait, une salle contient des modèles de vaisseaux et des galères de toutes les époques. On y voit le modèle des bateaux plats qui furent construits par Bonaparte pour la descente en Angleterre. Sur ces bateaux se trouvent des canons maintenus sur pivot de manière à pouvoir être tournés en toute direction. Des armures africaines, diverses poupes ajoutent à l'ornement de cette salle.

Les ateliers de serrurerie sont surtout dignes de fixer l'attention; c'est là que sont forgés les énormes câbles et toutes les ferrures qu'exige un bâtiment; les cours de l'arsenal sont peuplées de canons et de munitions de guerre : la pompe à feu est fort remarquable.

Me voilà en présence des forçats. On n'entre pas sans émotion dans cet entrepôt de tous les vices, où se trouvent rapprochés les caractères les plus divers; où la fourberie, la ruse, l'astuce, le vol et l'assassinat se tiennent par la main. Toutefois, en présence de tant d'hommes qui se sont dépouillés eux-mêmes de leur liberté et de leur honneur, on ne peut se défendre d'un sentiment de pitié. J'ai voulu peser les chaînes que ces galériens portent aux pieds ; beaucoup d'entre eux ne peuvent s'accoutumer à leur poids; le contact du fer contribue chez un assez grand nombre à développer l'œdème de l'articulation. La salle des *récidives* contient les prisonniers qui ont cherché à s'évader; ils portent des chaînes plus pesantes et ne peuvent sortir de la salle, sous aucun prétexte, ce qui est loin d'être hygiénique et de laisser une odeur agréable dans cette salle aux récidives. Ces galériens sont polis et ne manquent pas d'ôter leur bonnet lorsqu'on passe. A chaque extrémité du bassin de l'arsenal, sont des salles parallèles destinées aux forçats; entre les deux rives du bassin, l'un d'eux, debout sur un radeau, est chargé de transporter les habitans de l'arsenal d'une rive à l'autre. L'air sombre et silencieux du forçat du radeau, sa figure brûlée par le soleil, ses yeux noirs comme l'ébène, sa haute stature et ses formes vigoureuses me le firent un moment comparer à Caron; mais comme ce Dieu, il n'exige pas l'obole pour le passage, que, toutefois il ne refuse pas. Chaque rive est gardée par une pièce de canon prête à faire feu dans le cas où les détenus chercheraient à s'évader. Les condamnés du bagne de Toulon, même les plus coupables, protestent presque toujours de leur innocence; tant l'homme est enclin à s'abuser! Beaucoup d'entre eux sont fort habiles à buriner des allégories sur le coco, qu'ils façonnent en petits flacons ou en tabatières qu'ils vendent aux visiteurs; ils adoucissent ainsi par le travail les dix ou quinze années de leur condamnation.

Le port de Toulon contient aujourd'hui beaucoup de bâtimens marchands sur lesquels on lit : « On prend passagers pour Rome, Oran,

Alger, etc., » débouchés nouveaux ouverts au commerce par notre conquête d'Afrique. Sur les nombreux forts qui défendent Toulon se trouvent inscrits des souvenirs qui honoreront long-temps nos armes.

Le pont de Mirabeau, qui unit les champs de Vaucluse aux Alpes, me permit d'observer de nouveau la Durance sur laquelle il est jeté. Ses eaux sont diversement profondes. Tantôt elle bouillonne, tantôt elle est à sec. Comme le Rhône, elle est bordée de rochers très élevés et entourée de sites magnifiques.

La porte antique de la ville de Manosque est digne de fixer l'attention. Elle ressemble à celle de la ville d'Aix. La chaîne des Basses-Alpes est franchie. Au bout d'une longue allée de peupliers se trouve Gap. Cette ville, chef-lieu des Hautes-Alpes, est placée entre deux chaînes de montagnes. Vue de leur sommet, elle offre un aspect animé par des arbres et des fabriques placées en-deçà de ses rues principales. Une petite rivière coule derrière la rue Neuve qui forme la route royale. Elle anime la végétation et alimente les fabriques qui la bordent. Du haut des montagnes on aperçoit la caserne, l'hospice, l'église et toutes les petites maisons construites dans le voisinage de la ville. L'œil aime à contempler les rochers gigantesques dans le sillon desquels croissent le rosier sauvage et la lavande. Du haut de ces masses, qui semblent menacer le temps, rayonnent dans le lointain des montagnes couvertes de neige ou de glaces verdâtres. Avez-vous vu ces Alpes bleuâtres? Avez-vous cherché à gravir leur sommet? à travers ces sentiers bordés de lavandes, peuplés des cailloux que roulent les torrens, vous parcourrez sans fatigue le chemin qui mène à la demeure de l'habitant de ces solitudes. Vous marchez, mais bientôt vous êtes sans boussole. Vous vous trouvez au milieu de terres que la charrue conduite par le bœuf, là, aussi agile que la chèvre, n'a pu atteindre. Vous les franchissez pour lutter de nouveau contre des montagnes que le pied du voyageur a laissées vierges. Vous croyez après des luttes de tous les instans avoir atteint la cime; l'arbre qui se trouve au sommet vous trompe.

C'est le refuge sous lequel vous pouvez vous reposer. Mais plus loin, un plateau immense, encore de nouveaux combats. Vos regards étonnés se promènent sur l'horizon, pour atteindre enfin, après la lutte la plus pénible, un autre sommet qui n'est pas la dernière limite de la montagne.

A Gap et à Saint-Tropez, les porteurs de morts, qu'on appelle les pénitens-blancs, forment une confrérie dans laquelle tout le monde peut entrer en contractant toutefois l'obligation de servir les trépassés. Lorsque les pénitens portent au cimetière une personne décédée, ils sont vêtus d'une robe blanche, surmontée d'un capuchon blanc. Le pénitent porteur du Christ, est couvert du même costume. Le crucifix est enveloppé d'un voile sur lequel sont peints une tête de mort et les ossemens croisés. Le défunt est placé à découvert dans le cercueil. Ce spectacle m'a glacé; non pas toutefois, parce qu'il m'a rappelé qu'il faut mourir.

Gli uomini hanno in orrore la morte, io no.

Le seul monument remarquable de la ville de Gap est le tombeau du duc de Lesdiguières. Il est enfoui dans une chapelle de l'église de Gap où l'on ne prie plus, parce que l'on ne doit pas prier sans doute devant un Huguenot. Lesdiguières, revêtu du costume militaire du temps, est étendu sur le côté. Sa pose est noble. Sa figure ressemble à celle de Henri IV. Des bas-reliefs qui décorent ce tombeau représentent les diverses batailles où s'est illustré le connétable. Voici l'inscription qu'on lit sur le tombeau :

François de Bonne
Duc de Lesdiguières mort en 1626.

« Ce monument accordé par Mad. Maugiron Veynes, propriétaire, a été transporté de la chapelle du ci-devant château de Lesdiguières à Gap, par les soins de l'administration centrale du département des Hautes-Alpes, en exécution de ses arrêtés. »

Ce connétable, à son commencement, s'adonna aux lettres, et s'il eût continué, dit Brantôme, il y fût été aussi grand homme comme il fut sur la fin homme de guerre.

A deux lieues de Gap, se trouve le village de Laye, sur la route de Grenoble. On y voit encore aujourd'hui le petit château de Jean de Bonne et la fenêtre par laquelle il fit sauter l'évêque de Gap, à la suite d'une querelle à l'occasion d'une partie de chasse. Il appartient à M. Olivier, maire. Le Drach, la vallée du Champsaur, *cam-*

pus aureus d'Annibal, la montagne de Chaillole, fameuse par son élévation, et divers petits villages situés dans la fertile vallée de Saint-Bonnet, concourent à faire passer aisément l'épithète antique donnée à cette partie des Hautes-Alpes.

Dans cette nomenclature oublierai-je Rozans, petite ville du même département, enveloppée par des rochers et de hautes montagnes. On y retrouve encore quelques traces des temps où l'on disait : *Nulle terre sans seigneur*. Ici ce sont les armoiries d'un des présidens de Grenoble qui surmontent la porte d'entrée du château. Ces vénérables vestiges protégent encore le souvenir de leur ancien maître, mais à la tournure que le temps qui ne respecte rien a imprimée au château, ces débris semblent dire : « *Quantum mutatus ab illo!* » Non loin de cet antique manoir, propriété de M. de Lagarde, maire, se trouve un petit fort bâti, dit-on, sous le règne de Louis IX. Il est quadrangulaire. Ses murailles résisteront long-temps encore aux efforts du temps. C'est vraisemblablement la citadelle qui protégeait Rozans à cette époque où les seigneurs, armés de toutes pièces, se tenaient nuit et jour sur le qui-vive pour lutter contre les prétentions de leurs voisins. Les habitants de Rozans peuvent aujourd'hui dormir tranquilles, ou s'ils se réveillent, ce n'est que par le cri des oiseaux de nuit qui planent sur leurs montagnes et dont ils savent toutefois limiter le voisinage. Le choléra s'est montré terrible à Rozans. Aussi aimons-nous à penser que les autorités éclairées de cette ville, auront depuis le départ du fléau, rendu leur petite patrie moins insalubre. On peut dire qu'un esprit hospitalier règne à Rozans, et qu'on n'y connaît point l'égoïsme. C'est du moins ce que m'ont prouvé le séjour que j'y ai fait et les adieux touchants que j'ai reçus des autorités municipales, du vénérable curé, et des nombreux habitants qui m'ont accompagné dans leurs montagnes.

Serres est une autre petite ville entre Gap et Rozans. Des Alpes monstrueuses dont les masses semblent, à chaque instant, la menacer, l'entourent. Le Buech, fertile en truites, la baigne. On y arrive par un pont de pierre de nouvelle construction. Cette ville a eu aussi ses seigneurs, ses ponts-levis. Elle conserve encore une partie de ses murailles, image de sa puissance et de sa vétusté. Son église remonte à des temps éloignés. Le style de son architecture est sévère. Les maisons de Serres sont bien bâties, incomparablement mieux que celles de Rozans. Le choléra n'y a point pénétré. Les intérêts de la ville sont confiés à l'honorable M. A. Grimaud, maire.

La jolie et fertile vallée de Veynes, arrosée par le Buech, le Labéous et d'autres torrents, qui souvent descendent avec fracas de la cime des Alpes, traînant à leur suite un cortége d'innombrables cailloux ; des rochers d'une hauteur prodigieuse ; des sources limpides comme le cristal, jaillissant de leurs entrailles ou formant dans le roc des abreuvoirs naturels, voilà ce qu'on rencontre dans cette partie des Alpes féconde en seigle et en pâturages.

Les habitants sont sobres et laborieux ; ils récoltent du blé, des légumes. L'hiver, ils salent la vache, le cochon, la chèvre, la brebis et se réunissent quatre à cinq pour s'en partager les débris.

Beaucoup d'améliorations pourraient être apportées dans le département des Hautes-Alpes. Des institutions nouvelles pourraient le placer sur une ligne plus respectable et modifier à la fois le sort physique et moral de ses habitants, mais un malheur attaché à cette contrée lointaine, ensevelie sous la neige une partie de l'année, est l'exil où se sont crus envoyés la plupart des administrateurs qui s'y sont succédé.

Embrun franchi, Briançon, élevé à trois mille neuf cent dix-huit pieds au-dessus du niveau de la mer, nous montre au loin ses rochers couverts de neige et de verdure, ses cascades aux murmures perpétuels, ses forts protecteurs du Dauphiné; rien n'est plus poétique que l'amphitéâtre qui conduit à Briançon. Mais l'aspect change bientôt de face. Les rues de la ville sont sales et mal pavées. Toutes ont une pente assez rapide. Les maisons sont hautes et mal construites. Le seul monument remarquable est l'église.

On ne peut quitter Briançon sans admirer le fameux pont de communication qui est entre la ville et les forts, sous lequel passe la Durance, à sa sortie du mont Genèvre.

Sur une petite croix plantée au milieu du pont de Briançon, on lit :

« **Du règne de Louis XV, ce pont de cent**

« vingt pieds d'ouverture d'arche, élevé de cent
« soixante-huit pieds au-dessus de la rivière
« construit par les ordres du maréchal d'Asfeld,
« général des armées du roy, chevalier de la
« Toison-d'Or, directeur général des fortifi-
« cations,   l'an 1734. »

A une petite distance de Briançon, on rencontre le village La Vachette; la route qui y conduit est large, belle, pittoresque. Elle a été faite sous le règne de Napoléon. On commence à sentir les premiers rayons du soleil de l'Italie. Rien n'est plus magique que les nombreux paysages que la main de la nature a dessinés dans ce point de la France. D'un côté, l'œil suit la Clairée, qui après avoir baigné de nombreuses prairies, va se jeter dans la Durance, au-dessous des Alberts; ici le village des Rosiers, dans une belle vallée; au bas de la rampe du mont Genèvre, la fontaine Creteil. A mesure que l'on gravit la belle route tracée dans le mont Genèvre, on aperçoit de loin Briançon et ses menaçantes fortifications. Une route à la Mac-Adam, un long et solide épaulement, viennent rappeler que le génie de l'homme s'est uni au génie impérieux de la nature. A mesure que l'on pénètre dans le mont Genèvre, on voit se dérouler des masses de beaux sapins et de mélèses à travers lesquels passe en murmurant la Durance, après s'être brisée sur des rochers près desquels broute et se délecte la chèvre des montagnes.

Le solitaire mont Genèvre offre au voyageur un hospice ouvert à tout venant. Sa fondation remonte à 1743. Louis XVIII le dota en 1818, et la France lui fait aujourd'hui une pension de 6,000 fr. pour l'entretien des bâtiments et l'hospitalité à donner aux passants qui viennent de France ou de la Sardaigne s'y reposer. J'aime à reporter mes souvenirs sur le bon accueil que m'y a fait le 20 septembre 1835 l'ancien religieux qui le dirige, Jean-Antoine

Blanc, de Briançon. J'aime l'abnégation bien entendue de ce vieillard qui s'est placé si loin du monde pour mieux le servir.

A deux pas de l'hospice, aux dernières limites actuelles de la France, une colonne rappelle à l'étranger que sur cette route a passé l'armée d'Italie triomphante, bien qu'on ne lise plus sur les monuments les inscriptions qui en ont été arrachées.

Le costume militaire de la Sardaigne, un petit poste de douanes, l'exhibition de ma patente de santé, un serrement de cœur, m'apprirent que je n'étais plus en France. Et cependant au-dessus de ma tête, c'était le même ciel, autour de moi, le même air, la même végétation, les mêmes rochers, les mêmes torrents; sous mes pieds la même terre. Plus j'avançais, plus mon œil avait de peine à se détacher des tableaux magiques que présente la nature dans ses accidents, dans ses rochers, dans ses cascades, dans ses ravins. J'enviais le sort de l'aigle qui, sous un soleil ardent, trouve la fraîcheur sous les ombrages qui dominent orgueilleusement des masses rocailleuses et qui peut boire l'eau limpide dans les hauteurs d'où il s'élance. Un long et dernier regard m'attacha encore à la France, et j'arrivai à Césana. Le brigadier des carabiniers royaux me fit exhiber mon passeport qu'il visa. Des sons presque italiens vinrent frapper mon oreille. C'était un dimanche; à la vue de ces vieillards portant le chapeau à trois cornes, l'habit bleu de ciel ou gorge de pigeon, la culotte et les bas bleus chinés, les souliers à boucles, je ne pus ne pas reconnaître des compatriotes semblables à ceux de nos campagnes, qui n'avaient fait que changer de maîtres, ou plutôt ces braves gens n'ont pas changé: ils parlent toujours français, et leur cœur est toujours français. Témoin le guide qui me conduisit des bords de la Douaire jusqu'à Suze, et qui ne passa pas devant le fort d'Exile sans me rappeler malicieusement que Napoléon le fit sauter.

La route de Suze à Turin est large, belle, régulière, et bien entretenue. Elle est bordée par les Alpes qui y sont fertiles en vignes et en carrières de marbre. Les prairies sont productives. Les villages qui précèdent cette route sont placés au milieu des sites les plus romantiques. On reconnaît déjà l'Italie aux images peintes à fresque sur un grand nombre de maisons et qui y représentent des scènes de l'Écriture-Sainte. Dans le village de Saint-Ambroise on lit cette inscription trop vraie placée sur un cadran solaire.

« *Omnes morimur et quasi aquæ*
« *Dilabimur quæ non revertuntur.* »

L'église de ce village construite en briques est de fort bon goût. Elle est appuyée sur une tour gothique. L'intérieur est riche et décoré d'une belle collection de tableaux. Le château de Rivoli, la ville de Colègno, se trouvent situés sur la route de Suze à Turin.

Turin ne retentit pas comme Londres ou Paris du bruit des voitures qui s'y croisent en toute direction. Les idées de commerce et de plaisirs y semblent absorbées par les idées religieuses, tant les églises et les nombreux couvens y exercent aujourd'hui d'influence. Cette ville, dont la description comprendrait un volume, est vaste et belle ; on y respire beaucoup mieux qu'à Paris; on y meurt beaucoup moins mal. Ses rues sont spacieuses, la plupart tirées au cordeau. On peut dire que l'air y arrive des quatre points cardinaux. La rue du Pô au bout de laquelle coule le fleuve de ce nom, est surtout belle par ses arcades beaucoup plus larges que celles de notre rue de Rivoli. Celle désignée sous le nom de « Carlo Felice » est aussi fort élégante. Les maisons sont généralement aérées, les croisées très largement taillées. On peut assurer qu'il n'y a pas de maisons un peu propres à Turin dont les fenêtres ne soient dix fois plus larges que certaines ouvertures de notre nouveau palais du quai d'Orsai.

Turin est fort remarquable par le nombre et l'élégance des monuments, par les richesses artistiques qu'ils renferment. Les promenades pittoresques qui l'entourent, les nombreuses villa qui dominent cette ville, l'urbanité et le bon ton de la société, contribuent à rendre son séjour agréable. Le théâtre de Carignan, situé sur la place et devant le palais de ce nom, est le rendez-vous des jolies Piémontaises et des amateurs de bonne musique. Les rideaux dont les loges sont ornées, comme en Italie, en font autant de petits boudoirs ou lieux de causeries auxquels la demi-obscurité de la salle, prête quelque chose de mystérieux. *La Pazza per amore* jouée par d'excellents comédiens, la fraîcheur des décorations me donnèrent une idée du génie dramatique italien.

Les églises à Turin sont plus nombreuses que les théâtres. Elles sont généralement remarquables par le bon goût de leur architecture. Le marbre, les chapelles, les tableaux religieux, les inscriptions tumulaires, la soierie, les dentelles, les tapisseries, y ont été jetés à profusion; la majesté sacerdotale y est rehaussée par le luxe raffiné de notre civilisation.

Un monument surtout digne d'être visité est le palais de *Madame*. Ce musée renferme une collection de tableaux des meilleurs maîtres; l'entrée en est vaste, l'escalier principal magnifique. Il conduit à un salon de réception immense, orné de statues élevées en l'honneur des rois de Sardaigne. Parmi les tableaux de ce précieux musée, on distingue des Raphaël, des Annibal Carrache, une famille sainte de Jo. Bellinus, l'adoration des rois par Rembrand, le même sujet par Macrini, etc.

Dans la chambre à coucher de la reine, qui, sous le gouvernement français, forma jusqu'en 1814 le tribunal d'appel, se trouve un joli portrait de Marie-Thérèse, femme de Victor-Emmanuel, l'avant-dernier roi mort. Des tableaux de Constantini, peints sur porcelaine en 1821, et cuits dans notre manufacture de Sèvres, frappent surtout par l'expression des images, la délicatesse de la touche et leur brillant coloris. Ici, le portrait de Raphaël et de sa maîtresse; là, Rubens et Titien. A côté de ce dernier maître, la copie de son admirable Vénus.

Conduit dans les établissements scientifiques par l'un de leurs respectables chefs, le comte de Saint-George, je pus admirer à mon aise les précieuses archives de la science, à la tête desquelles ce savant est placé. Esprit hardi et réformateur, on lui doit des monuments nouveaux qui enrichissent aujourd'hui Turin, et y attirent les étrangers.

Le musée égyptien est une création moderne. Les débris de la sculpture égyptienne et grecque y ont été rassemblés à grands frais. On y voit de beaux sarcophages, Ossimandias, Ramsès VI, Pharaon-Sésostris, Pharaon-Méris, découvert à Thèbes en 1818, par le chevalier Rifaud; l'Amour endormi habillé en Hercule, un chapiteau transporté de Thèbes, un Orphée, un lion courant, en mosaïque, sont autant de morceaux qu'on admire dans le musée.

Rappeler que Champollion a présidé à l'organisation de ce monument, c'est dire que le génie en a classé les merveilles selon le style, la langue et les époques. Pour honorer la mémoire de cet infatigable révélateur des secrets de l'antiquité égyptienne, les directeurs des études lui ont élevé un marbre sur lequel on lit une inscription dont voici la traduction :

« A *Jean François Champollion* (1).
« à l'homme célèbre qui le premier découvrit le
« secret de l'écriture égyptienne, et enrichit la
« science des connaissances de ce peuple;
« aussitôt que la nouvelle de sa mort s'est divulguée,
« les directeurs des études
« ont consacré ce marbre à sa mémoire;
« dans le lieu même où les monuments égyptiens,
« qu'il a expliqués dans ses écrits,
« et que l'on doit à la libéralité du roi Victor-Emmanuel,
« ont été l'objet de ses investigations.
« Dans le mois de mars de l'an 1832,
« la seconde année du règne de Charles-Albert: »

Au-dessus des salles occupées par la sculpture antique, se trouve un vaste cabinet d'histoire

(1) Reproduit textuellement.

naturelle, près duquel le comte de Saint-Georges a réuni tous les débris de la nationalité et de la civilisation égyptienne. Le peuple qui a élevé les pyramides peut y être suivi dans son berceau d'osier, dans ses arts, dans ses goûts, dans son luxe, dans ses bizarreries. On voit le génie enfanteur aux prises avec le besoin.

D'autres monuments attestent le goût du peuple piémontais pour les arts et les belles-lettres. Les couvents de moines témoignent-ils de même de son goût pour les institutions? Beaucoup d'établissements de bienfaisance ont été créés à Turin. Un des plus remarquables est l'hôpital Saint-Jean. Beaucoup d'hommes charitables ont contribué à son agrandissement et à sa fortune. Les bustes de ses bienfaiteurs sont placés dans les salles. Sous le portique se trouve la statue de marbre d'Hyacinthe Scalia, comte de Venise, mort en 1772. J'ai dû à la complaisante bonté de la sœur Ferdinanda le plaisir de visiter ce vaste hospice, dont la belle architecture contraste singulièrement avec ce que Paris possède en ce genre. J'aurais bien voulu obtenir d'elle des renseignements plus positifs sur cet établissement, mais elle réprima cette intention en m'indiquant des yeux cette inscription : *Rispetto è silenzio.*

Près de Turin se trouve Stupini, château royal de cent vingt années de date. Sur la route ombragée qui y conduit, on aperçoit Montcalière, autre résidence royale, Rivoli, Avigliano et son petit fort. Du milieu du grand salon de Stupini, l'œil parcourt la route de Turin; à droite celle d'Orbassan, à gauche Villeneuve; dans le centre la route royale. Ce joli château de plaisance a été habité, en 1809, par l'impératrice Joséphine, par la belle princesse Pauline et l'empereur Napoléon, dont la suite y occupa trois cent soixante lits. Le palais en contient huit cents. Ses voûtes sont aujourd'hui silencieuses, et sous elles se sont agitées les destinées de l'Europe. Des tapisseries faites, il y a cent ans, par la princesse Félicité, sœur du prince Amédée, des peintures à fresque de Carle-Vanloo, peintures fraîches comme si elles étaient d'hier, la chapelle Saint-Hubert, une belle table de marbre de Suze, la salle de conversation de la duchesse de Sablé, un cabinet de toilette dont les glaces muettes ont reflété tant de scènes, des chasses où l'on croit entendre le cri du cor, l'aboiement du chien, le hennissement des chevaux; où l'on voit flotter le panache des seigneurs, où tombent les larmes du cerf, sont les principaux ornements de Stupini, que ne manque pas de faire apprécier l'intelligente sagacité des gardiens du château, sans oublier toutefois Diane et Endymion enlevés par Duroc jusqu'à Strasbourg, et replacés sur leur socle par ordre de Napoléon.

On ne peut quitter Turin sans visiter Superga, église royale, vaste et magnifique, bâtie au sommet d'un plateau immense, au milieu des sites les plus romantiques, d'où l'œil peut contempler la poétique chaîne que forment le col de Tende, le mont Viso, le mont Cenis, le petit Saint-Bernard, le mont Rosa, le Simplon. Au pied de la montagne le Pô coule et fertilise des champs étendus; et quand les premiers rayons du soleil ont déchiré les voiles d'azur qui cachent encore ces murailles gigantesques de la nature, c'est alors qu'on tombe dans l'extase.

Superga, sépulture royale, fut commencée en 1715 et terminée en 1730. On la doit à Victor-Amédée, roi de Sardaigne. L'inscription suivante recueillie dans l'église en indique l'origine :

« Virgini genitrici
« Victor Amedeus, Sardiniae rex,
« bello gallico vovit,
« et, pulsis hostibus, fecit dedicavitque. »

Le marbre de Carrare y a été prodigué; la sculpture y a représenté l'Annonciation, la naissance de la Vierge, etc. On y voit quelques tableaux de prix. Sous les pierres de l'église reposent l'architecte et les quatre prêtres qui y sont morts en l'espace de cent quatre ans.

L'œil ne parcourt pas sans une surprise mêlée d'un recueillement religieux les longues galeries silencieuses adjacentes à l'église et qui y servaient de promenades aux solitaires cloîtrés; là, rien ne retient la pensée captive; aucun bruit ne l'effarouche; mille émotions la réveillent; elle peut s'élancer vive comme les rayons du soleil qui dorent le monument, ou se réfugier mélancolique et sombre dans les caveaux, près du sceptre brisé des rois.

Dominique Talpone m'en ouvrit les portes. Garde de ses voûtes sépulcrales, le brave homme ne se douta guère des sensations qu'il me fit éprouver lorsque sous sa clé s'ébranla la serrure du caveau royal. La porte de bronze cria sur ses gonds, et je me trouvai en présence des restes des rois de Sardaigne. Cette sépulture est plus riche que celle de Saint-Denis: les tombeaux sont ornés de vases, de statues de marbre, d'attributs militaires, du sceptre et de la couronne royale. On admire sur le tombeau d'Emmanuel III, une renommée sculptée par Collin, en 1771. A gauche du monument dorment ses trois femmes, mortes toutes avant lui : l'une à dix-neuf ans, la seconde à vingt-huit, la dernière à trente. Les caveaux représentent une croix : d'un côté reposent les branches de Savoie et de Carignan; de l'autre leurs enfants. Parmi les tombeaux se trouve celui d'Anne d'Orléans, femme de Victor-Amédée II, roi de Sardaigne (1728).

En présence de tant de dépouilles mortelles qui ont porté le fardeau des destinées humaines, que de réflexions à faire! Peut-on sortir de ces enceintes sans être accablé par la méditation ! que de souvenirs elles renferment ! heureux celui qui peut sentir et penser !

Je voudrais vous interroger, tombeaux des rois de Sardaigne. Y êtes-vous tous à l'aise, rois du Piémont ? Mais la France me rappelle. Turin, Mont-Cenis, Savoie, vous reverrai-je ? Je suis plein de vos souvenirs. Adieu !

www.ingramcontent.com/pod-product-compliance
Lightning Source LLC
Chambersburg PA
CBHW060518050426
42451CB00009B/1054